ADLA BETSAIDA M. TEIXEIRA
FLÁVIA ALCÂNTARA
(Organizadoras)

CONVERSANDO NA ESCOLA SOBRE ELAS E ELES
Para além do politicamente correto

DIRETOR EDITORIAL:
Marcelo C. Araújo

EDITORES:
Avelino Grassi
Márcio F. dos Anjos

COORDENAÇÃO EDITORIAL:
Ana Lúcia de Castro Leite

REVISÃO TÉCNICA:
Flávia Alcântara

COPIDESQUE:
Ana Lúcia de Castro Leite

REVISÃO:
Eliana Maria Barreto Ferreira

DIAGRAMAÇÃO:
Juliano de Sousa Cervelin

CAPA:
Simone Godoy

© Idéias & Letras, 2010

IDÉIAS & LETRAS Editora Idéias & Letras
Rua Pe. Claro Monteiro, 342 – Centro
12570-000 Aparecida-SP
Tel. (12) 3104-2000 – Fax (12) 3104-2036
Televendas: 0800 16 00 04
vendas@ideiaseletras.com.br
http//www.ideiaseletras.com.br

Dados Internacionais de Catalogação na Publicação (CIP)
(Câmara Brasileira do Livro, SP, Brasil)

Conversando na escola com elas e eles: para além do politicamente correto / Adla Betsaida M.Teixeira, Flávia Alcântara - organizadores. Aparecida, SP: Idéias & Letras, 2010.

Bibliografia
ISBN 978-85-7398-063-6

1. Desigualdade social 2. Discriminação sexual 3. Educação - Finalidades e objetivos 4. Identidade de gênero 5. Papéis sexuais 6. Preconceitos 7. Valores (Ética) I. Teixeira, Adla Betsaida M.. II. Alcântara, Flávia.

10-01991   CDD-370.114

Índices para catálogo sistemático:
1. Educação em valores 370.114
2. Valores éticos: Educação 370.114
3. Valores humanos na escola: Educação 370.114

"O correr da vida embrulha tudo. A vida é assim: esquenta e esfria, aperta e daí afrouxa, sossega e depois desinquieta. O que ela quer da gente é coragem."

(João Guimarães Rosa, *Sertões Veredas*)

A Mauro, Dani e Nana,
por me melhorarem como ser humano e como profissional,
desejando que vivamos num mundo melhor.

SUMÁRIO

Orientação para docentes e educadores – 9
Traz orientações gerais para o trabalho docente com a temática gênero e algumas de suas variantes, como a homossexualidade, preconceitos, sexualidade, feminilidade e masculinidade, relacionamento, juventude etc. e suas implicações no contexto escolar.

Introdução – 13
Através de contos e histórias do imaginário popular, levanta considerações acerca das relações sociais que permeiam comportamentos dados como femininos/masculinos em nossa sociedade.

1. "De princesa a cachorra" – 21
Profa. Dra. Adla Betsaida M. Teixeira
Relata os conflitos vividos por uma mulher, desde a infância, na busca de sua identidade feminina frente aos abusos de uma sociedade machista que impõe à mulher a necessidade contraditória de ser *mãe de família* e *Bebel do marido*, de ser *uma dama na sociedade e uma prostituta na cama*.

2. Homofobia: o que a escola tem a ver com isso? – 25
Rogério Diniz Junqueira
Aborda o drama sofrido por um adolescente homossexual que se vê obrigado a esconder sua orientação sexual da sociedade e da própria família devido ao preconceito que gera a homofobia. O autor, responsável pela implementação do Programa Brasil Sem Homofobia, discute a partir dessa história as implicações de atitudes e emoções discriminatórias em relação a pessoas homossexuais na escola e na família.

3. Ana e Zeca – Amor e prevenção – Parcerias possíveis? – 33
Dra. Elizabeth B. Franco
Narra a comovente história de Ana, uma adolescente portadora do vírus da AIDS que se vê apaixonada por Zeca, mas tem medo de contar "sua verdade" por já ter sido vítima de preconceito e discriminação em outra escola. O tema é abordado com sensibilidade e interação, já que o final da história deverá ser definido por cada leitor.

4. Por trás do *Era uma vez*... – 41
Flávia Alcântara
O que estaria por trás da inocência que os contos de fadas parecem contar? Com uma versão pouco divulgada do conto *Chapeuzinho Vermelho,* são discutidos aspectos de erotismo e sexualidade que permeiam as relações masculinas e femininas, através das figuras da Chapeuzinho e do Lobo.

5. A construção de uma história profissional frente à relação de gênero – 47
Sandro Vinícius Sales dos Santos
Nesse texto escrito sob forma de relato, o autor, que é professor de educação infantil da prefeitura de Belo Horizonte, compartilha sua experiência como educador num ambiente considerado como eminentemente "feminino". Dessa forma, descreve as expectativas, os preconceitos e a superação profissional que permearam sua trajetória profissional.

6. Simbologias de gênero nas lendas tropicais: o sagrado e o profano – 51
Adilson Drumonnd
Através das lendas *A porca de sete leitões* e *A mula sem cabeça*, tabus religiosos e comportamentos sexuais são apresentados e discutidos. Também são chamados para o diálogo a *Mulher Boneca* de Lobato e *Shrek*, versão *"hollywoodiana"* que brinca com os contos clássicos.

Proposta de oficina – 57

7. Na cama com a TV – 59
Fernanda de Araújo Rocha
Discute a relação entre a TV e os jovens, questionando o que a TV tem oferecido a este público. Considera que alguns programas tentam representar o cotidiano dos jovens expressando seus conflitos, problemas, dúvidas, desejos e anseios. Apresenta trechos de diálogos dos programas *Malhação* e *Ponto Pê* para discutir comportamento sexual e relacionamento.

Palavras Finais – 63

Faz um apanhado geral das relações sociais – muitas vezes conflituosas – entre homens e mulheres em todo o mundo, passando pelo mercado editorial e televisivo, pelas questões da homossexualidade, da família, da igreja, da violência contra a mulher e culminando em sugestões de leituras sobre a temática.

Glossário – 69

Trabalha em forma de verbetes termos utilizados em passagens do livro.

ORIENTAÇÃO PARA DOCENTES E EDUCADORES

Hoje no Brasil, as discussões sobre equidade de gênero têm prioridade no Plano Nacional de Educação – PNE (Brasil, 2001) e no Plano Nacional de Políticas para Mulheres – PNPM (Brasil, 2004). Diante disso, evidencia-se, aqui, a necessidade da inclusão da questão de gênero nas discussões dentro da escola. A análise crítica de gênero possibilitará melhoria de qualidade da ação pedagógica, propiciando às crianças (meninos e meninas) um ensino que lhes permita acesso irrestrito a todas as áreas do conhecimento, mas também que desenvolvam posturas conscientes e preventivas diante de preconceitos.

O presente livro foi elaborado por membros do grupo GSS – Grupo de Estudos sobre Gênero, Sexualidade e Sexo em Educação da Faculdade de Educação, Universidade Federal de Minas Gerais. Nosso grupo conta com a participação de pesquisadores de diferentes instituições, autoridades da rede de ensino pública e privada, professores e estudantes da área da educação e áreas afins. Nossa proposta é o estudo e o desenvolvimento de abordagens teórico-metodológicas de gênero e sexualidades no campo da formação humana, incluindo a formação docente e a elaboração de estratégias de inclusão e de desconstrução de preconceitos nos âmbitos da educação formal ou informal.

O livro trata a categoria gênero como resultante de construções socioculturais associadas à diferença sexual. Neste sentido, buscamos compreender suas consequências nas vidas públicas e privadas dos indivíduos. Dentre os temas abordados temos: assédio sexual na adolescência, comportamento sexual, modismos e liberdade, aspectos da violência escolar (ser masculino, ser feminino), homofobia na escola, construção de masculinidades e feminilidades, a relação professor-alunos.

O material didático aqui apresentado objetiva auxiliar os docentes que se preocupam com práticas pedagógicas afirmativas quanto às questões de gênero na escola. O livro é destinado ao público adolescente, que esbarra cotidianamente com essas questões. A estratégia buscou um diálogo mais íntimo com nossos adolescentes e para isso foram utilizadas histórias reais (relatos) e fictícias (contos e lendas conhecidos pelos estudantes e programas de TV para jovens).

O livro orienta a discussão de temas sensíveis, frequentemente evitados, mas que têm causado tanto sofrimento, humilhação e perdas para aqueles que transitam nos ambientes escolares.

Esperamos poder ajudar nossos adolescentes a viverem suas sexualidades e suas diferenças com dignidade, evitando as ciladas dos modismos, dos preconceitos e, o mais importante, encontrando na escola um espaço seguro para discutirem suas dúvidas.

Assim convidamos a todos a sentir coletivamente...

"Quanto mais eu sinta, quanto mais eu sinta
como várias pessoas,
Quanto mais personalidades eu tiver,
Quanto mais intensamente, estridentemente as tiver,
Quanto mais simultaneamente sentir com todas elas,
Quanto mais unificadamente diverso,
dispersadamente atento,
Estiver, sentir, viver, for,
Mais possuirei a existência total do universo,
Mais completo serei pelo espaço inteiro fora."

Poesia de Álvaro de Campos – Fernando Pessoa

Por Adla Betsaida M. Teixeira
Coordenadora do GSS – Grupo de Estudos sobre Gênero,
Sexualidade e Sexo em Educação
Faculdade de Educação
Universidade Federal de Minas Gerais

INTRODUÇÃO

Partilhando reflexões que gestaram o GSS – Grupo de Gênero, Sexo e Sexualidade em Educação/FaE – Faculdade de Educação/ UFMG – Universidade Federal de Minas Gerais, debruçamo-nos sobre contos, fábulas, lendas, músicas... enfim, expressões culturais que forjam a mentalidade de nosso povo. A riqueza do tema com suas várias nuances tem-nos provocado incessantemente à (des)construção do imaginário, conceitos ou (pré)conceitos sobre a onipresente questão de gênero. Buscamos reminiscências "lítero-lendárias" que o povo e seus poetas contam. Neste livro, não temos a pretensão de nos aprofundarmos nas diferentes produções literárias, mas apresentar alguns lances e facetas que nos auxiliarão na problemática de gênero impregnada no senso comum.

A concepção ocidental, fundamentada em preceitos judaico-cristãos, associa a sexualidade à culpa. Pelo que percebemos na narrativa da Bíblia sobre a queda do ser humano, o primeiro "pecado" é a desobediência sedutora de uma mulher, Eva. É significativo que a noção de pecado é instaurada quando nos percebemos dotados de um corpo sexuado, limitado, frágil e corruptível, radicalmente oposto à onipotência do criador.[1] Por causa de uma mulher "perdemos" o paraíso! Está

---

[1] Sobre esse assunto, ler Gênesis, capítulo 3.

lançada a base inconsciente do nosso machismo, tipificando a mulher como *ocasião de pecado e sedução* (Santo Agostinho que o diga).[2] Na síntese sociocultural do judaísmo temos o surgimento da cultura "falocrática" que será percebida em grande parte na produção literária, tendo como alicerce a tradição oral. Assim, em diversos gêneros literários podemos elencar várias figuras femininas que tentaram romper esta lógica e, por esta razão, a elas é lançado o malogro da condenação, da infelicidade e quase sempre da morte.

Em *Lucíola*, de José de Alencar, há uma flagrante contradição: a protagonista se vê obrigada a vender seu corpo para sustentar a família, renuncia ao noivo, dando-o a sua irmã, pois se autopune por se prostituir.

Eça de Queirós brinda-nos com *O Primo Basílio*, narrando a conflituosa vida de uma jovem senhora casada que sucumbe ao namorado de infância, seu primo. Sua felicidade é fugaz, já que é trapaceada e extorquida pela própria empregada que se aproveita da questão moral do adultério. A patroa fica louca e morre.

Já no clássico, com a mesma temática de Alexandre Dumas, *A Dama das Camélias*, uma "mulher da sociedade" entrega-se aos desejos sexuais com múltiplos parceiros sendo rotulada de prostituta. Tenta viver um amor verdadeiro sendo alvo da secular hipocrisia social. Os familiares do noivo, movidos por um "pseudomoralismo", o pressionam para abandonar a amada. O fim já é previsível: a protagonista se deprime e morre frustrada.

---

[2] Consulte *Confissões* e *Solilóquios* de Santo Agostinho e *Summa Teológica* de Tomás de Aquino.

Introdução

É bom lembrarmos que nossos autores clássicos (majoritariamente homens!) são porta-vozes de uma sociedade burguesa, puritana e eurocêntrica. São cronistas dessa cultura dicotômica, de moral ambígua (só para lembrar Simone de Beauvoir[3]). No entanto, alguns tentam zombar dessa sociedade, dissecando e expondo suas mazelas. A questão de gênero é apenas uma ponta do iceberg.

Quanto aos contos e fábulas que permearam nossa infância, sendo um dos recursos para elaborarmos nossa psique na representação do feminino/masculino, há algumas metáforas em comum: a mulher é sempre frágil, insegura e insuficiente, sempre à espera do herói travestido em príncipe, caçador, cavaleiro... portadores de instrumentos "falocráticos" (espadas, lanças, fuzis) e detentores de beijos mágicos, ressuscitadores.

Quando a figura feminina foge desse arquétipo vira *bruxa:* seres perversos, feios, disformes e assexuados, que possuem narizes enormes... Alguns contos merecem ser lembrados pelas suas simbologias, pois nos fazem refletir sobre a condição de gênero, a ambiguidade sexual, os papéis e os comportamentos estereotipados.

Analisando de forma alusiva podemos pinçar reflexões de algumas obras literárias:

• Parece que a demanda de *A Bela Adormecida* foi a mesma de Eva no Éden: movida por curiosidade, desobedeceu (perversão ou subversão?) e tocou o objeto proibido, o fuso.

---

[3] BEAUVOIR, Simone de; MILLIET, Sergio. *O segundo sexo.* São Paulo: Difusão Europeia, 1960.

Ao se ferir, o sangue parece lembrar algo sujo, pecaminoso (fluxo menstrual).

• *Chapeuzinho Vermelho* merece um estudo à parte, pela riqueza de detalhes e metáforas psicanalíticas: uma inocente menina – cuja marca é o vermelho, conotação bem sexualizada – sai sozinha pela floresta. Confunde a avó com o lobo e faz repetidas perguntas sobre partes do corpo. Lembremos que a demanda do conto é "comer/ser comida". Ela é salva por um caçador (fuzil/espingarda).

• O que dizer de *Branca de Neve*? Em termos de gênero, há vários componentes no mínimo instigantes: possui uma beleza insuperável e ameaçadora – por extrema inveja da madrasta-bruxa, quase morre. É perseguida por um homem que não a viola, "conserva-lhe o coração". O algoz compadecido leva um coração de animal ludibriando a bruxa, que teve um prazer inexprimível ao devorar o suposto coração da rival (antropofagia explícita? Desejo de incorporar as virtudes da enteada?). Além disso, sua tutela é dada a sete homenzinhos, cujos codinomes são atributos: feliz, mestre, zangado... É salva pelo príncipe (ligeiramente necrófilo). Todo esse drama é temperado pela "maçã", símbolo bíblico da perdição, vermelha como o sexo, passagem para a vida adulta, menstruação etc..

• Sobre a onipresente personificação do mal feminino, *bruxa,* vale lembrar que essa tem sempre uma solução mágica contra as outras mulheres "normais", "boazinhas", "bonitas", porém não conseguem dar a si mesmas a felicidade, o equilíbrio e a realização. Seu contraponto são as *fadas:* mulheres boas, enigmáticas, etéreas e sublimadas. Mas, as bruxas são mulheres que, na Idade Média, subverteram a ordem social e religiosa com suas ideias próprias, ânsia de emancipação, liberdade... Sentenciaram-lhes a tortura, a loucura e a morte, sob acusação de "pacto com o diabo", com o qual estabelece vínculo sexual.[4]

• Quando nos deparamos com as lendas *tupiniquins* percebemos que a demanda sexual é temperada "com cravo e canela" e com o calor dos trópicos. A representação feminina é bem menos comportada, para não dizer muito erotizada (o que dizer das sedutoras ambulantes *Mulher de Branco* e *Loira do Bonfim*?). A *Mãe d'água*, *Iara*, é a versão tropical da *Sereia*, um ente sensualizado com seu (en)canto sedutor e irresistivelmente excitante – Ulysses que o diga, pois teve de se amarrar ao mastro do barco para não sucumbir. O paradoxo está no fato de que, sendo metade peixe e metade mulher, como o fetiche sexual se realizará? Muita sedução para nada! O enigma é mais marcante quando pensamos no *Boto*, versão masculina da Iara.

• Uma lenda menos conhecida, mas típica das regiões auríferas, é a *Mãe de Ouro*.[5] É uma figura sinistra, meio mulher, meio fogo. Ou está nas grutas ou flutuando nas matas – note a simbologia sexual do "fogo", "gruta". Suas vítimas são sempre homens casados, cuja sedução leva-os a abandonar as famílias (Oh! Pobres homens indefesos, sempre vítimas da sedução feminina!). Aqui, temos dupla tentação/perversão: pecado da ganância e luxúria.

---

[4] Segundo o Martelo das Feiticeiras (1487), e o Quadro das Inconstâncias dos anjos malvados e demônios (1612), e outros manuais da época.
[5] CASCUDO, Luis da Câmara. *Dicionário do Folclore Brasileiro*, 10ª edição, São Paulo: Global, 2001.

E quanto à figura masculina e suas metáforas?

Quando lançamos um olhar mais profundo nas representações masculinas como protagonistas (nos demais contos, príncipes, cavaleiros são coadjuvantes, embora, paradoxalmente, tem o encaminhamento mágico de peça fundamental para o "final feliz") vale lembrar três figuras: Pinóquio, Peter Pan e Pequeno Polegar:

• O enredo de *Pinóquio* remete-nos a uma duplicidade, pois o pai, Gepeto, investe grande parte de seu tempo e sua energia criativa para confeccionar um boneco. Dele nada se sabe: é um ermitão? É viúvo? É casado? O que fica claro é sua obsessão em ser pai de um menino-boneco. Pinóquio, por seu turno, sofre um dilema ético: quer deixar de ser boneco, mas não pode mentir senão o nariz cresce – teria algo de fálico nessa simbologia? – em seu encalço, há um grilo falante que o acusa na "consciência". Dois homens mergulhados na solidão e desafiados na arte de ser gente.

• *Peter Pan* remonta à Inglaterra em plena Revolução Industrial. O mote do conto parece ser a perversidade do mundo adulto, cruel e indesejável (Alice também sofreria esse dilema?). É melhor ser eternamente criança e habitar a "Terra do Nunca", mesmo que o preço seja perder a possibilidade do amor de Wend. Em uma abordagem psicanalítica, percebemos no protagonista o medo de crescer, a preferência pela imaturidade, a tendência à insegurança e a *ambiguidade sexual*.[6] Há

---

[6] BETTELHEIM, Bruno. *A Psicanálise dos Contos de Fadas*. 2ª edição, 1979. Editora Paz e Terra, RJ.

ainda a figura do Capitão Gancho com suas ameaças e castrações. Já para Joãozinho, de *João e o Pé de Feijão*, menino provedor que supera o gigante adulto sanguinário, o mundo adulto não parece ser tão perverso.

• *Pequeno Polegar* vivencia os dilemas de Peter Pan acrescidos da necessidade de reparação, recuperar a bondade dos pais. Busca firmar-se na criatividade e ousadia para superar o mundo adulto e sobreviver entre tantos desafios.

Quando nos aprofundamos nos enredos acima, percebemos que nem só de espadas, armaduras e lanças poderosas vivem nossos "heróis" dos contos clássicos.

Na perspectiva de gênero, temos a figura masculina transitando entre o poder, o fálico, passando pelo medo e pela culpa esbarrando na ambiguidade sexual, jocosamente mostrado no filme *Shrek*.

Faz-se mister enfatizar que todas as protagonistas de Eça de Queirós, Alexandre Dumas e José de Alencar têm, provavelmente, uma fonte de inspiração: *Madame Bovary* de Fleubert, que em 2007 completou 150 anos. São "Evas" que nos subtraem o Paraíso com suas demandas afetivo-sexuais (sempre elas!). É significativo também que esses enredos são modernizados, adaptados pela mídia e se tornam envolventes folhetins eletrônicos, que são as telenovelas, ou a vida "ao vivo" dos *realitys shows*. Agora, o Paraíso é "tropical" (uma elite corrupta que se esconde atrás de uma prostituta, símbolo da degradação sociocultural), as mulheres são "belíssimas", finalmente "senhoras do destino", mas são da "cor do pecado" (negras). Será que, devido a tantos ingredientes sexualizados, temperados com cravo e canela, o paraíso é perdido?

Em minhas práticas pedagógicas, vivenciadas em escolas públicas, do ensino fundamental ao superior, ao longo de 20 anos de magistério, percebo como a educação precisa refletir sobre a questão de gênero. Não cabe mais, neste Terceiro Milênio, oscilar entre a posição ingenuamente reprodutivista e, panfletariamente, oposicionista.

Há que se forjar um posicionamento reflexivo, construindo outras competências, destruindo tabus, vícios ou uma pseudoneutralidade acadêmica. É preciso dialogar com os "sinais do tempo" que permeiam a realidade da emancipação feminina, o respeito às alteridades e às diversidades para além do "politicamente correto".

Esse ensaio foi uma modesta contribuição que possui limites óbvios: foi escrito por um homem, 40 anos, ex-celibatário, professor de Filosofia, heterossexual, vivenciando seu segundo casamento. Talvez fique o desafio para outras abordagens e diferentes perspectivas, afinal não se constrói a reflexão de gênero unilateralmente. Outras visões (antropológicas, psicanalíticas, biológicas...) são bem-vindas, só para lembrar Sócrates:

A verdade não está com o ser humano,
mas entre os seres humanos.

Por Adilson Dumont
Subcoordenador do GSS – Grupo de Estudos sobre Gênero,
Sexualidade e Sexo em Educação
Faculdade de Educação
Universidade Federal de Minas Gerais

1

"DE PRINCESA A CACHORRA"

Profa. Dra. Adla Betsaida M. Teixeira[7]

Acho que as minhas experiências foram parecidas com as de muitas meninas. Nasci numa família com pai, mãe e três irmãos. Cresci acreditando que minha vida seria melhor, apesar da falta de dinheiro, espaço, atenção. Nem me permitia pensar nisso, pois tinha a sensação mágica de que dessa maneira isso se tornaria realidade para sempre. Estudava e acreditava que assim teria um destino diferente das meninas e da gente que via no meu bairro. Afligia-me imaginar que poderia engravidar, como dizia minha mãe "alguém

---

[7] Pedagoga, Mestre em Educação Comparada e Internacional e Doutora pelo Departamento de Comunicação, Cultura e Sociedades do *Institute of Education da University of London*, Inglaterra. Atua como Professora do Departamento de Métodos e Técnicas de Ensino, Faculdade de Educação – Coordenadora do GSS – Grupo Gênero, Sexualidade e Sexo em Educação – FaE/UFMG. Trabalha no campo de gênero e educação com ênfase na profissionalização docente e aprendizagem de meninos e meninas. Leciona as disciplinas de Didática para o Ensino Superior, Didática (graduação), Teorias Pedagógicas e Estágio no Ensino Fundamental.

fazer mal para mim". Agora parece até engraçado repetir essas palavras. Tinha arrepios de me ver naquela vida, levantando muito cedo, ouvindo aquelas professoras esnobes, andando naquelas ruas empoeiradas de cascalho.

Na época era difícil ter liberdade para pensar que poderia não querer ir à escola, desobedecer meus pais, não ir mais à igreja, enfim, não querer.

Lembro-me do medo do sexo, de falar de sexo, de querer sexo, de gostar de sexo, apesar da curiosidade. Falar como? Com quem? Nem pensar!

A igreja ajudava-me a controlar os desejos e as ansiedades. Por uns anos ser freira era a saída para estar protegida, longe das maldades e desejos do mundo impuro.

Melhor distrair o pensamento. A escola era tudo que me prometia tirar daquela vida sufocante.

Subia nos galhos mais altos da árvore do quintal para buscar conforto nas minhas ansiedades. Esticava-me toda para ver até onde as luzes da cidade terminavam. Talvez lá estivesse minha felicidade. Olhava o céu, localizava os astros, me via em lugares que jamais me seriam permitidos. Pensava no que estava perdendo, sentia saudades das possibilidades ao longe, muito longe. Sonhava com o "príncipe encantado", sim. Que mico, mas naquela época ele poderia salvar-me das aulas chatas, dos pais egoístas, da eterna frase "a vida é assim mesmo".

Quando descia da árvore quem me esperava era a realidade. Eu era a criança cinco anos fugindo de um amigo do meu pai, respiração ofegante, muito medo e não contar. Era enfrentar o ônibus cheio e conviver em silêncio com homens se esfregando na gente e, ainda assim, ter vergonha de reclamar. Era o professor com seus abraços e olhares invasores e nosso medo ao escapar. Será que eles vão marcar-me? Será que alguém vai acreditar? Será que alguém vai culpar-me? E também se "portar" para que meninos não pensassem que você é pra ficar. Tudo muito bem explicado através da roupa, cabelos e maquiagem. Tudo muito bem definido: *cachorra ou princesa*. No banheiro de menina outras coisas *rolavam*: olhares de curiosidade, casos de beijo na boca e carícias, até aborto. Um "nojo" era o que tínhamos que dizer. Um "nojo"! Meninas grávidas sempre era culpa delas. Quando ficavam na escola eram fitadas com olhares de curiosidade ou de pena. E os pais dos bebês? Filhos de meninos e até professores ou família? Estávamos mesmo sozinhas, eu certamente estava. Uma solidão acompanhada por vozes internas que não cessavam. Muitas outras vozes, olhares que sussurravam "privada pública" ou "moça de família". Meu pai adorava repetir isto e temia que as filhas envergonhassem a família – "homem não presta; eu te avisei; moça perdida".

Às vezes *rolava* uma revista mais ousada, um filme, um livro perdido na biblioteca da escola. Logo sumiam.

Minha primeira vez foi legal. Tive várias oportunidades de *transar*, mas me guardei para uma pessoa que não fosse ameaça. Afinal, os homens se gabam tanto de suas conquistas. Foi legal, não quero tornar isto público, sexo é pessoal. Entretanto, foi sem camisinha. E se o cara fosse aidético? E uma gravidez? O romance já durava um ano e achei que podia confiar. E se eu fosse a princesa e tivessem as *putas*? Afinal a princesa é a sobremesa! E após tudo eu seria a *cachorra*? Cresci na solidão de mulher. O que aprendi foi com meu único parceiro. E foi ótimo! Ele também não tinha experiência. Entretanto, há sempre o medo do estupro, da violência sexual. As vozes estão sempre controlando: "mãe de família" e tem de ser "Bebel do marido" ou, um tempo atrás, "mulher teria que ser uma dama na sociedade e uma puta na cama".

Pergunto, quando é que vamos definir o que realmente queremos ser, e que tipo de homem realmente queremos ter perto da gente? Não quero ser Bebel, mãe de família ou uma coisa só. Sou tudo, sou nada, escolho, me cuido bem, muito bem.

Proposta de oficina

O texto acima é um relato real. A autora é uma mulher de 40 anos que vive num centro urbano de Minas Gerais.

Ainda hoje, meninos e meninas são segregados segundo estereótipos gerando preconceitos e limitando suas vidas com: o "jeito de menina" e "jeito de menino" ou *Princesa* e *Cachorra*, "coisa de mulher" e "coisa de homem". Assim, somos conduzidas a querer viver num mundo impossível das *"Princesas"* ou uma falsa liberdade das *"Cachorras"*. Ambas são objetos de desejo dos homens. Uma para casar, outra para transar.

1. Você acha que as meninas de hoje têm experiências parecidas com essa?

2. Em dupla, elabore uma lista com 20 adjetivos que identifiquem as *Princesas* e as *Cachorras*.

3. **Questão para meninas** – E você, o que é? *Princesa* ou *Cachorra*?

Questão para meninos – E você, o que quer? Uma *Princesa* ou uma *Cachorra*?

4. Quem é mais feliz? A *Princesa* ou a *Cachorra*?

5. Será que na vida real as mulheres se subdividem apenas nestes dois grupos: Cachorras (lixo) ou Princesas (luxo)?

2

HOMOFOBIA: O QUE A ESCOLA TEM A VER COM ISSO?

Rogério Diniz Junqueira[8]

Corria o ano de 2006. As cursistas, a maioria jovens professoras da rede municipal, estavam animadas com o tema: o papel da escola no enfrentamento à homofobia. O curso, financiado pelo Ministério da Educação, caminhava para a segunda metade, conduzido pela Associação Brasileira Interdisciplinar de AIDS. As primeiras horas da manhã já prometiam um dia quente e úmido na Baixada Fluminense. Mas o tempo pouco parecia ser o responsável pelo fôlego curto da cursista que acabava de adentrar a sala. Depois de varrer o recinto com os olhos, chamou uma tutora para o corredor. Ali, tirou da bolsa um papel, no qual as duas logo mergulharam. De grafia ágil e

---

[8] Sociólogo, professor, doutor em Sociologia das Instituições Jurídicas e Políticas (Universidades de Milão e Macerata – Itália). Assessor Técnico da Secretaria de Educação Continuada, Alfabetização e Diversidade do Ministério da Educação, responsável pela implementação do Programa Brasil Sem Homofobia.

nervosa, era uma carta de J. S., aluno da sétima série. A voz trêmula da professora contribuía para o entendimento da situação.

Não sei por onde começar... Eu acho que a homofobia é uma doença inútil. Pra que ter ódio e nojo de uma pessoa que é igual a você? Por quê? O que leva as pessoas a isso? O homossexual prefere hoje se manter como um "homem" escondendo sua orientação sexual, com medo desses tais "homens". Eu vivo uma situação superdifícil. Minha orientação sexual é escondida dentro de mim. Três ou quatro amigos, mas amigos mesmo, sabem. Mas por que eu escondo? Porque o mundo hoje tem características tristes como o PRECONCEITO. Meu pai é homofóbico. Eu acho que ele percebe (...). Uma vez, ele deu na minha cara e disse que preferia que eu fosse bandido a "veado"! Minha lágrima correu e a vontade era a de explodir! Tenho medo da reação do meu pai. Acredito que só serei feliz quando ele se for. Sofro bastante. Ele me cobra por que não tenho namorada, por que não gosto de futebol, por que só tenho amigas mulheres e meus amigos homens são gays. Já quase falei a verdade, mas juro que ele me mataria ou me expulsaria de casa! Por isso, não vejo a hora de completar 18 anos e ir embora, seguir meu destino, sem autorização de ninguém (...). Eu vivo uma vida de cão! Só você, professora, sabe agora o tanto que sofro. Na sala de aula, eu tenho aspecto feliz, brincalhão, sorridente... Mas por dentro só existem rancor e mágoa prontas para explodirem e dizer tudo o que está aqui dentro! Minha irmã (...) é a única pessoa da minha família que sabe e me ajuda. Eu a amo muito! Somos amigos pra caramba! Minha mãe desconfia, mas não diz nada (...), quando descobrir, não será nenhum espanto. Só penso na reação do meu pai! Professora, (...) confio em você como amiga de verdade! A homofobia faz parte da minha vida! E é por isso que a odeio! Diga não à homofobia! Muito obrigado, professora! (J. S.)

Por serem inúmeras as dimensões a que remete essa pulsante carta, sugiro aqui alguns questionamentos, na esperança de contribuir para que docentes e estudantes elaborem suas oficinas e planos de ação no enfrentamento da homofobia, um problema sobre o qual muitas vezes as pessoas têm preferido não se deter. O que leva a homofobia a ser um componente tão forte no desencontro afetivo entre pais, mães e filhos/as? Podemos crer que a homofobia seja um fenômeno que deva ser enfrentado apenas entre os muros domésticos? É justo obrigar uma pessoa homossexual a se tornar "invisível", a adotar atitudes ou a desenvolver habilidades "compensatórias" para tentar driblar a intolerância? O que dizer a quem prefere acreditar que não temos gays e lésbicas entre nossos estudantes? Que papel cumpre a escola na reprodução da homofobia? Ela é um espaço estratégico no enfrentamento dessas situações? A relação escola-família favorece esse quadro de opressão? Pode ser diferente? O que nós, professores, podemos fazer? Como podemos deixar de contribuir para o agravamento da homofobia? Podemos criar nas escolas *espaços de escuta* de nossos estudantes e torná-las ambientes mais seguros, mais acolhedores e mais educativos?

A homofobia expressa-se por meio de atitudes e emoções – como aversão, desprezo, ódio, desconfiança, desconforto ou medo – em relação a pessoas homossexuais ou assim identificadas.[9] Se fosse só isso, a homofobia seria uma "doença"

---

[9] Uso aqui o termo "homossexual" para me referir sobretudo a gays, lésbicas e bissexuais. Pessoas transgêneros – que, no Brasil, preferem ser chamadas de travestis e transexuais – não costumam identificar-se como homossexuais, mas nem por isso deixam de ser alvo da repulsa social. A transfobia tem sido a mais letal forma de expressão homofóbica.

(como acreditava J. S.) que poderia ser tratada no aconchego de um consultório psiquiátrico. Mas a homofobia envolve preconceitos, discriminação e violência. Onde são produzidos e como são disseminados os preconceitos homofóbicos? O que de fato sabemos sobre as pessoas homossexuais? A direção do amor e do desejo que sentimos afeta nossa inteligência, nosso caráter e nossa humanidade? Nós "aprendemos" desde cedo que gays, lésbicas, bissexuais, travestis e transexuais (GLBT) são pessoas desprezíveis. Onde ouvimos isso? De quem? Quantas vezes por dia? Isso tem algum fundamento? O que J. S. ouviu do pai ao levar uma bofetada?

Por que muita gente nem fica indignada quando ouve alguém dizer que "é melhor ter um filho bandido, traficante ou morto do que homossexual"? O que leva alguém a arriscar a vida (sua e dos outros) para não ter sua masculinidade sob suspeita? Vivemos numa sociedade em que a vida sexual dos outros costuma assumir grande relevância: as pessoas podem mostrar-se muito interessadas em saber sobre as peripécias sexuais de uma celebridade. Isso não faz com que esqueçamos dos temas que têm verdadeiro impacto na vida da coletividade? O que nos faz supor que alguém seja pior mecânico, prefeito, professor ou estudante só porque é homossexual ou transgênero? O que tem a ver?

Nas escolas, a homofobia é só consentida ou seria também ensinada? Especialmente ali, a homofobia age de maneira sutil, e, mesmo sem saber, indivíduos "não-homofóbicos" podem contribuir para a reprodução de suas lógicas de discriminação que criam um clima de tensão permanente. Assim, seria também importante que docentes e estudantes discutissem o fato que ela gera na escola: violência, medo, insegurança, sofrimento, vulnerabilidade, abandono, evasão e prejudica a formação de todas as pessoas.

Poderiam começar discutindo o padrão dominante das nossas "relações de gênero". Aqui, meninos, para serem vistos como "homens de verdade", precisam, desde muito cedo, desprezar tudo o que é considerado feminino e rechaçar tudo o que parece ser homossexual. Isso é levado tão a sério que nossas crianças aprendem a agredir o "veadinho da escola" quando ainda estão em uma idade em que nem podem imaginar o que seja sexualidade (e menos ainda homossexualidade). Naquela idade, quem insulta ou bate sabe o que é uma pessoa "homossexual"? E quem apanha sabe? Por que e como somos levados a crer que, se xingarmos ou batermos num homossexual ou numa mulher, "provamos" não ser um? Como aprendemos que não podemos ser amigos de um homossexual e nem podemos defendê-lo se for agredido? Todos os rapazes estão sob suspeita e constante vigilância. Todos os dias, terão de demonstrar "virilidade" e, assim, conquistar temporariamente o título de "homens de verdade". Como é para as meninas? É possível identificar como, na cotidianidade escolar, reforçamos noções e relações sexistas e homofóbicas?

Rotinas, concepções pedagógicas, currículos e livros didáticos disseminam valores, conteúdos, ideias e imagens que têm a heterossexualidade como norma? A homofobia aparece na hora da chamada, nas brincadeiras, nas piadas ("inofensivas" e usadas como instrumento didático), nos bilhetinhos, nos desenhos em carteiras e paredes? Onde mais? O que podemos fazer para eliminar a homofobia ou diminuir seus efeitos na vida escolar?

Tratamentos preconceituosos, medidas discriminatórias, insultos, constrangimentos, ameaças e agressões físicas ou verbais são uma constante na vida escolar de adolescentes, jovens e adultos GLBTs e produzem sérios efeitos nas suas trajetórias educacionais. Os casos mais dramáticos tendem a ser os de travestis e transexuais. Na sua escola, há alguma travesti? Ela teve dificuldade para se matricular ou para frequentar as aulas? A sua identidade de gênero feminino é respeitada? Ela tem seu "nome social"[10] nas chamadas? Tem direito de usar o banheiro das mulheres? Por que é geralmente tão difícil? Poderíamos ensinar que, assim como há diversas masculinidades e feminilidades heterossexuais, há diversas masculinidades e feminilidades homossexuais? O que fazer para favorecer o questionamento de preconceitos e desestabilizar a discriminação e a violência? Percebemos sem dificuldade a família como um espaço caracterizado por forte opressão sexista e homofóbica. Mas a escola pode simplesmente se escorar no quadro de difusa opressão contra homossexuais para justificar suas dificuldades de assumir suas responsabilidades diante disso? A escola não é um mero apêndice ou uma continuidade das lógicas dos ambientes familiares. Assim, o que podemos fazer para que ela não reproduza ou amplie as situações de desamparo e hostilidade a que muitos jovens homossexuais e transgêneros estão submetidos/as em seus lares?

Há famílias que aceitam seus parentes homossexuais ou transgêneros. Mas estudantes podem ser vítimas da homofobia por possuírem um familiar homossexual. O que ocorre, na escola, no caso de estudantes que têm pai ou mãe homosse-

---

[10] Travestis ou transexuais precisam adotar um "nome social" para estar em conformidade com suas identidades de gênero. Quem insiste em chamá-las com base na certidão de nascimento, no RG ou no registro da chamada contribui para torná-las ainda mais vulneráveis a situações de discriminação, estigmatização e violência.

xual? E quando vêm de famílias com dois pais gays ou duas mães lésbicas? As famílias homoparentais são acolhidas pela comunidade escolar? E no caso de pais e mães travestis ou transexuais? Uma cena vem à mente. Um sábado de sol. Uma manifestação em favor dos direitos de GLBTs e do Estado laico, na *Piazza Navona*, Roma, em maio de 2007. Adultos, crianças, adolescentes, idosos. Irmãos, filhas, pais, amigas, mães, parentes, namoradas, paqueras. Jovens estudantes com mochilas às costas, professoras empunhando bandeiras com o arco-íris. Doze mil pessoas. Entre elas, nos ombros de um homem, uma garotinha ergue e agita orgulhosa um cartaz com um desenho. Um elefante, uma girafa com um ursinho no meio: "A Família Perfeita". À pergunta sobre qual deles seria o pai, ela responde com firmeza: "Que nada! As duas são as mães!" E viva *la bambina*. J. S. pode contar com ela. Poderá contar conosco?

3

ANA E ZECA
AMOR E PREVENÇÃO
PARCERIAS POSSÍVEIS?

Dra. Elizabeth B. Franco[11]

Ela não queria ter mudado de cidade, mas... fazer o quê? A empresa mandou o pai para Minas Gerais e lá se foi toda a família. Para ela, era chato, começar tudo de novo! Estava tão feliz na outra escola. Primeiro dia! Logo no primeiro dia a barra da saia desmanchou, bem na hora de ir pra escola! Ainda bem que a mãe ajudou e rapidinho resolveram o problema.

---

[11] Elizabete Franco Cruz. Profa. Dra. da Escola de Artes Ciências de Humanidades da Universidade de São Paulo – EACH/USP, psicóloga, mestre em psicologia social (PUC/SP), doutora em educação (UNICAMP). Trabalha na interface entre saúde e educação, desenvolvendo projetos de ensino, pesquisa e extensão envolvendo temáticas como relações de gênero, sexualidade, AIDS e direitos humanos. Colabora com a ONG GIV – Grupo de Incentivo à Vida/SP, e atualmente desenvolve pesquisa sobre direitos sexuais e reprodutivos, maternidade e paternidade de jovens que vivem e convivem com HIV / AIDS. E-mail: betefranco@usp.br

Queria chegar bem cedo para arrumar um cantinho pra sentar na sala de aula. Chegou dois minutos atrasada... Que sala cheia! Nenhum cantinho pra sentar! A única cadeira vazia é bem no meio, ao lado daquele menino...
– Dá licença – vai pedindo até chegar lá ao lado do menino... do menino, do menino, do menino... Hipnotizou! Que menino LINDO!
– Oi, tudo bem? Oi, tudo bem? Heloooooouuu, tudo bem aí? A voz do menino ecoava ao longe.
Nossa! Voltou para a realidade...
– Oi, tudo bem! – disse Ana.
– Você estava em que planeta? Riu o menino.
– Tentando chegar neste... – disse Ana, sem graça.
– Seja bem-vinda, como é o seu nome?
– Ana. E o seu?
– Zeca.
Atenção, atenção dizia a professora de português do ensino médio.
– Depois a gente conversa – sussurrou o Zeca.
Ana tentava se concentrar. Quem presta atenção em aula de português com um menino, um Zeca lindo deste ao lado?
Assim, foi o começo. Depois intervalo, café, conversa... E depois fazer trabalho juntos, estudar juntos, ir pra casa juntos. Logo ficaram bons amigos.

Mas o coração de Ana pulsava mais forte cada vez que via o Zeca. Até um dia em que foram para a festa de aniversário da Moniquinha... Aquela música, dança pra cá, dança pra lá... e um beijo... longo, suave, delicioso... "Ficaram" a festa toda.

Depois Zeca pediu-a em namoro. Desde o primeiro dia, seu coração também bateu forte. Ele contou que pensou: Nossa quem é essa menina? Que linda! Que sorriso!

Ana e Zeca. Menino e menina. Um encantado pelo outro. Mas ela disse não.

– Não vou te namorar. Não posso te namorar.

E Zeca insistiu e insistiu, mas ela resistiu:

– Não, não, não.

Ele insistiu de novo: Mas eu vi nos seus olhos que você gosta de mim!

– Não e não e não. Você viu errado. Entendeu tudo errado. Quem falou que os olhos falam?

E foi para casa e chorou a noite toda. De manhã, não queria ir para a escola. Não queria tomar remédios, não queria comer. Teve febre. A mãe ficou preocupada. No entanto, Ana não falava nada. Também não queria chatear a mãe com essa história. Sempre se preocupava em preservar a mãe de chateações. Mas desta vez não conseguiu esconder e ficou doente.

Foi ao médico. Virose, disse ele.

Tudo que os médicos não sabem o que é, é virose – pensou dona Alice, a mãe de Ana.

Virose do amor! Melhor assim, uma semana de licença médica. Não vejo o Zeca, o tempo passa, ele fica com outra menina e eu não falo nada. Tudo resolvido então – pensou Ana.

Resolvido, não. Mas pelo menos ela poderia continuar fechada no seu casulo. Lembrava tudo o que havia passado na primeira escola... verdade que na segunda havia sido melhor mas... vai saber? Nunca tinha apagado todo o sofrimento da primeira escola.

É. O melhor era se fechar, viver sozinha, ficar quieta e sumir. Ia ter de ser forte e se separar do Zeca... mas... Talvez ela pudesse não estudar mais... Voltar somente no próximo ano. Assim sairia da sala dele.

É, isso era o melhor! Pediu para a mãe tirá-la da escola. A mãe não quis e disse que gostaria conversar com Ana e com a Diretora.

Com a diretora não! – pediu a garota.

A mãe era esperta e logo matou a charada:

– Ana, o que esta acontecendo, minha filha?

– Nada mãe... Estou doente e cansada e não quero mais ir pra escola. É a virose. No ano que vem eu volto.

A mãe de Ana era muito amorosa e sensível também. Enxergava longe...

– Muito bem mocinha... Sou capaz de apostar que tem duas coisas girando e girando na sua cabeça... Uma é o Zeca e a outra é a AIDS, não é?

Puxa! Como as mães sabem das coisas! – pensou Ana, que entrou em prantos.

A mãe deu um abraço e um colo para Ana e falou:

– Você está apaixonada por ele e não quer contar que tem AIDS não é?

– Claro né, mãe! Ele além de não me querer vai contar pra todo mundo! E daí vai acontecer como na primeira escola: ninguém fala comigo, ninguém estuda comigo.

Todos falam de mim pelas costas, todos com medo de mim, ninguém senta na cadeira que sentei... Enfim, isolamento total. Nada de educação física, nada de amigos, nada de namorado e professores me olhando com medo ou pena. Acha que eu quero isso, mãe?

Os olhos da mãe encheram d'água. Claro que ela não queria isso para a filha. Nem para ninguém. Sabia que era difícil, porque também já havia sentido, na própria pele, o preconceito por ser portadora do HIV. E mesmo já tendo trabalhado durante muitos anos na terapia o fato de não ser culpada pela infecção da filha, ficava arrasada cada vez que a via sofrendo deste modo.

A mãe e o pai de Ana estavam infectados pelo HIV quando ela ficou grávida. Eles não sabiam e o médico não pediu o teste no pré-natal. Eram desinformados e achavam que a AIDS não os atingiria jamais. Descobriram que todos eram soropositivos após o nascimento de Ana. Foi triste, mas já haviam superado muitos desafios com remédios, períodos de adoecimento, muitas consultas e exames. Contudo, um dos maiores desafios que ainda enfrentavam era o preconceito. Dona Alice precisou tirar Ana da escola em que ela estudava quando, pela primeira vez, a garota contou para uma amiguinha que tinha o HIV. Foi uma confusão. Até hoje a escola responde a um processo, mas, nem Ana e nem seus pais – Alice e João – quiseram que a menina ficasse na escola.

Na outra escola, a segunda, como Ana gosta de dizer, as coisas foram bem melhores. Todos souberam que Ana tinha HIV porque esta escola era próxima da primeira e as notícias correram. Contudo, essa outra escola foi muito mais acolhedora. Era uma escola diferenciada! Tinha um projeto de educação sexual, fazia um trabalho de prevenção às DSTs, inclusive a prevenção ao HIV/AIDS. Os professores conversavam com os adolescentes sobre todos os assuntos: namoro, gravidez, medo, desejo, "ficar", métodos contraceptivos, camisinha. A escola até distribuía camisinha. Sexualidade não aparecia somente em aulas de biologia. Era um tema transversal. E, principalmente, a escola conversava com os alunos sobre preconceitos, sobre diferenças, sobre não transformar diferenças em desigualdades. E, assim, jovens gays, travestis, negros, gordos, pobres e portadores de HIV, que geralmente são estigmatizados, viviam em paz na escola. Não enfrentavam os habituais preconceitos. Ana estava feliz da vida por lá, quando o trabalho de João fez com que mudassem de cidade.

Alice disse para Ana que ela não ia deixar que Ana parasse de estudar. E que estaria ao seu lado para resolver e enfrentar todas as questões.

Ana perguntava-se: O que fazer agora? A escola tem de saber? Conto para minhas amigas? Conto para o Zeca? Se o Zeca souber, vai querer namorar comigo? O que será que o Zeca vai pensar?

Sugestão para oficina

Divida a turma em subgrupos.

Coloque à disposição os materiais que tiver.

(A dinâmica fica muito interessante com roupas, bolsas, colares, sapatos etc., mas pode ser feita sem nenhum material, ou utilizando material escolar, como cartolinas, canetas, cola, tesoura, papéis.)

Solicite que cada subgrupo construa e dramatize um final para a história.

Após a apresentação dos subgrupos fazer um círculo e discutir com os alunos as ideias que surgiram.

Para os educadores

O tempo da oficina depende do tempo disponível em cada escola. Uma sugestão é de 30 a 40 minutos para a preparação nos subgrupos. Depois 5 ou 10 minutos para cada grupo fazer a apresentação. E, por fim, 40 a 60 minutos para debate.

Outras atividades podem ser incluídas, como desenhos para expressão dos sentimentos, vídeos informativos, músicas e poesias.

Para contribuir com as reflexões dos alunos é importante:

• Ter informações sobre as formas de transmissão do HIV e de outras DSTs. No caso do debate da história, é importante conferir se os alunos sabem as formas de transmissão e prevenção do HIV.

• Desconstruir preconceitos – Crianças e jovens com HIV/AIDS podem estudar e têm o direito de estudar, fazer educação física e ter vida social e comunitária.

• As escolas geralmente se preocupam com machucados, sangramentos etc. Os cuidados a serem tomados com crianças com HIV/AIDS são os mesmos que precisam ser tomados com quaisquer crianças e jovens.

• Em caso de dúvidas todos os Estados brasileiros têm Programas de DST/AIDS que podem dar informações e distribuir materiais.

• Informações também estão disponíveis na home page do Programa Nacional de DST/AIDS: www.aids.gov.br.

• A revelação do diagnóstico do HIV é uma decisão da criança, do jovem e de sua família.

• A presença de uma pessoa portadora do HIV não coloca em risco nenhum membro da comunidade escolar.

• A maioria das pessoas defende a revelação/comunicação do HIV. No entanto essa revelação, com frequência, é utilizada para que as pessoas, ao saberem que a outra é portadora do vírus, possam afastar-se dela. Há que se orientar que existe a necessidade de prevenção em relação ao HIV e não em relação às pessoas que têm o HIV. A diferença parece sutil, mas é fundamental, porque ao tentar preservar-se do vírus as pessoas afastam os soropositivos.

• Se Zeca ficará com Ana ou não, será uma decisão pessoal (assim como se Ana contará ou não, e também se ficará com Zeca ou não). É importante lembrar que Ana também pode escolher, e que os dois estão inseridos em uma sociedade e em uma cultura que estigmatizam a AIDS.

• Uma relação entre pessoas soropositivas e soronegativas é possível e mais comum do que se imagina. No caso do namoro entre Ana e Zeca, o fundamental é a prevenção do HIV, ou seja, caso eles venham a ter um relacionamento sexual é fundamental que usem preservativo. É importante lembrar que o uso do preservativo é fundamental em qualquer relação (soropositivos e soronegativos, soronegativos e soronegativos, e soropositivos e soropositivos – neste último caso para evitar a reinfecção).

• Confiança, declarações de amor e o fato de conhecer o parceiro não são impeditivos da transmissão, nem do HIV nem de doenças sexualmente transmissíveis.

• A abordagem do tema deve evitar um discurso que gere medo, e a conversa com os alunos deve abordar temas como: onde conseguir preservativos, dificuldades de negociação, questões de gênero presentes nos relacionamentos, imagens sobre a AIDS etc.

• Também é importante ter informações sobre o conceito de vulnerabilidade e lembrar que no caso da AIDS não existem grupos de risco.

4
POR TRÁS DO ERA UMA VEZ...

Flávia Alcântara – FaE/UFMG[12]

Pela estrada afora eu vou bem sozinha/
levar estes doces para a vovozinha.
Ela mora longe o caminho é deserto/
e o lobo mal passeia aqui por perto...

Certo dia, a mãe de uma menina mandou que ela levasse um pouco de pão e leite para sua avó. Quando caminhava pela floresta, um lobo aproximou-se e perguntou-lhe aonde ia.
– Para a casa da vovó.
– Por qual caminho, o dos alfinetes ou o das agulhas?
– O das agulhas.
O lobo seguiu pelo caminho dos alfinetes e chegou primeiro à casa. Matou a avó, despejou seu sangue numa garrafa, cortou a carne em fatias e colocou numa travessa.
Depois, vestiu sua roupa de dormir e deitou-se na cama, à espera.
Pam, pam, pam, pam.

---

[12] Mestranda em Educação pela Faculdade de Educação da UFMG. Membro do GSS – Grupo Estudo Gênero, Sexualidade e Sexo em Educação.

– Entre, querida.
– Olá, vovó. Trouxe um pouco de pão e leite.
– Sirva-se também, querida. Há carne e vinho na copa.

A menina comeu o que foi oferecido, enquanto um gatinho dizia: "Menina perdida! Comer a carne e beber o sangue da avó!"

Então, o lobo disse:
– Tire a roupa e deite-se comigo.
– Onde ponho meu avental?
– Jogue no fogo. Você não vai precisar mais dele.

Para cada peça de roupa (...) a menina fazia a mesma pergunta, e a cada vez o lobo respondia:
– Jogue no fogo... (etc.).

Quando a menina se deitou na cama, disse:
– Ah, vovó! Como você é peluda!
– É para me manter mais aquecida, querida.
– Ah, vovó! Que ombros largos você tem!
(Etc. etc., nos moldes do diálogo conhecido, até o clássico desfecho):
– Ah, vovó! Que dentes grandes você tem!
– É para comer melhor você, querida.

E ele a devorou.[13]

Não é bem essa a história que estamos acostumados a ouvir e a contar por aí. Nessa versão, publicada na França em 1885, há cenas eróticas e de canibalismo, em que a menina, após comer a carne e beber o sangue da própria avó, faz um *strip-tease* para o lobo e "vai para a cama" com ele. Você já parou para pensar no sentido de "comer a Chapeuzi-

---

[13] Apud Robert Darnton, *O grande Massacre de Gatos (e outros Episódios da História Social Francesa).* Rio de Janeiro: Graal, 1986.

nho" que está escrito nessa história? O que mais estaria por trás da inocência que os contos de fadas parecem contar?

Para algumas pessoas que estudam a psicanálise, a própria cor vermelha do capuz da menina não foi escolhida por acaso. O vermelho estaria relacionado com a passagem da infância para a vida adulta, que é marcada pela menstruação (que é vermelha!), quando a menina deixa de ser criança e se torna mulher. Sendo assim, não foi uma menininha indefesa que se deitou na cama com o lobo, foi uma mulher determinada ao ato, uma mulher que se despiu aos poucos para o parceiro peludo que a esperava na cama!

Outro elemento importante que aparece nessa versão é o "fogo", em que o lobo pede para que a Chapeuzinho atire suas roupas. Esse fogo é visto como símbolo do desejo sexual. Você já deve ter ouvido falar em "arder de desejo", "coração pegando fogo", "febre de amor", "pode vir quente, que eu estou fervendo", "acender a chama da paixão" etc.

Talvez hoje as garotas e, por que não, os garotos, estejam assumindo cada vez mais esse tipo de comportamento, entregando-se com determinação aos atos que desejam praticar. Em especial, quando tratamos de sexo e sexualidade, precisamos saber que isso é muito mais que o ato sexual em si. É provável que você já tenha ouvido muitas coisas sobre sexo seguro, prevenção de doenças, funcionamento dos órgãos sexuais etc. Bem, essa não é a intenção deste texto. O que se deseja aqui é abrir algumas cortinas que mostrem que os contos de fadas podem guardar muitos segredos...

Em outras versões, quando o lobo tenta pegar a Chapeuzinho, ela grita por socorro e, nesse momento, aparece um caçador ou um lenhador, para salvar a vida da garota e dar uma lição no lobo. Será que no nosso dia-a-dia também ficamos esperando que alguém (um rapaz, talvez) nos salve dos perigos que aparecem pela frente? Será que os garotos aguardam a chegada de uma mocinha indefesa para quem poderão mostrar suas qualidades de salvador? Que tipo de pessoas temos encontrado ultimamente na rua, na escola, na igreja ou no trabalho? Chapeuzinhos Vermelhos indefesos, lobos malvados ou caçadores dispostos a salvar o mundo?

Mas, parando para pensar, o que teria levado a Chapeuzinho a contar para o lobo que estava indo para a casa da vovó e a dizer, inclusive, o caminho que ia seguir? Para a psicanálise, esse comportamento pode ser explicado pela curiosidade sexual que faz parte da vida de cada ser humano. Assim, todos já passamos, em algum momento, por uma situação parecida com a de Chapeuzinho Vermelho, ou seja, ao descobrirmos nossa sexualidade, buscamos maneiras de responder às nossas curiosidades sexuais.

Como podemos ver nesse exemplo retirado de uma das versões do conto Chapeuzinho Vermelho, o sexo e a sexualidade fazem parte de uma produção histórica, social e cultural que sempre esteve presente na vida humana.

Entender e respeitar nossos desejos e limitações sexuais é fundamental para que tenhamos condições de tomarmos decisões importantes e conscientes na vida. Considerar os "papéis" que mais nos completam, sem agredir ao próximo, na busca por descobertas e realizações é uma atitude sábia e desejável a todos, seja você Chapeuzinho Vermelho, lobo ou caçador. É através dessa busca que as personagens dos contos de fadas "vivem felizes para sempre", ou pelo menos, que na vida real, sejamos "felizes enquanto durar"!

Sugestão para oficina

Atividade 1

Ao decorrer do texto algumas questões sobre sexo e sexualidade foram levantadas. Organize grupos de discussão e exponha seu ponto de vista.

Sugestão: organize um círculo e providencie algum objeto que possa ser atirado de um participante para o outro. Quem estiver de posse do objeto deverá propor uma questão e arremessá-lo para o colega de quem deseja ouvir a opinião.

Atividade 2

Discutir e problematizar possíveis aspectos eróticos presentes em outros contos de fadas, estimulados pela leitura desse texto.

Sugestão: levar para o local da discussão diferentes contos de fadas, e, se possível, em diferentes versões.

Atividade 3

O texto faz referência a diferentes posicionamentos que garotas e garotos podem apresentar no seu dia-a-dia. Divididos em pequenos grupos, promover uma discussão e problematizar a questão das representações de gênero: *meninas devem comportar-se de uma forma, meninos de outra; tal atitude é permitida apenas para mulheres, não para homens* (e vice-versa).

Sugestão: Depois do debate em pequenos grupos, reúna todos os participantes da atividade e socialize as considerações levantadas.

5

A CONSTRUÇÃO DE UMA HISTÓRIA PROFISSIONAL FRENTE À RELAÇÃO DE GÊNERO

Sandro Vinícius Sales dos Santos[14]

Sou Educador Infantil da Rede Municipal de Ensino de Belo Horizonte. Chamo-me Sandro Vinicius Sales dos Santos, casado e pai de uma menina de seis anos. Assim como alguns poucos homens e poucas mulheres da atualidade, participo das transformações que ocorrem nas relações de gênero e, portanto, percebo e sinto algumas manifestações de preconceito por parte das pessoas. Nos dias de hoje, presenciamos (ainda que em pequena escala) mulheres trabalhando como motoristas de táxi, ônibus, tratores, motos; profissionais da construção civil; nas ciências naturais, dentre outras profissões; e homens atuando como cabeleireiros, manicures, educadores infantis e professores das séries iniciais do ensino fundamental.

---

[14] Professor de Educação Infantil da Prefeitura Municipal de Belo Horizonte – Membro do GSS – Grupo de Estudos de Gênero, Sexualidade e Sexo em Educação.

Lembro que na escola onde cursei o primário havia um professor (regente de classe) na educação das crianças. Lembro que em 2005, quando assumi o cargo, as educadoras achavam que eu era homossexual, pois não aceitavam a ideia de um homem trabalhar com crianças tão pequenas. Com o tempo consegui romper com essa visão, tive o privilégio de exercer a função de apoio das turmas de três, quatro e cinco anos. Fui chamado pela coordenadora (que na época era uma professora primária da rede) que me disse que eu não poderia atuar naquela função porque, se faltasse alguma educadora nas turmas dos menores, eu teria de cobrir a falta e os pais poderiam não gostar. Em seguida fui transferido para a regência da turma de quatro anos.

A relação com os alunos foi tranquila, as crianças eram (e são) muito receptivas à presença masculina dentro da escola. Com os pais não foi tão diferente. Ocorreu por umas quatro vezes de faltar educadores no berçário no período da tarde, e todas as vezes que a coordenadora perguntou quem poderia "dobrar" eu me prontifiquei a fazê-lo, uma vez que não via impedimento em lidar com os pequenos, afinal já havia sido pai por duas vezes e não me assustavam os cuidados com as crianças.

No final do ano de 2005, fizemos o sorteio de enturmação para o ano seguinte e indaguei à coordenadora se poderia assumir uma turma de crianças menores. Ela, após ter visto meu trabalho nos dias em que "dobrei" serviço no berçário, afirmou que eu havia provado ser um educador tão bom quanto às demais educadoras, e no sorteio fui contemplado com a turma de dois anos, onde, já em 2006, tive melhor relação ainda com as crianças. Recordo-me que apenas uma das mães era resistente à minha presença. Tive um ano de trabalho tranquilo e muito gratificante com essa nova experiência. Após o fim de 2006, retornei ao apoio de três, quatro e cinco anos.

No início de 2007, quando preparávamos a escola horas antes de recebermos as crianças, uma mãe que se dirigia à educadora que me ajudava a fazer um cartaz de boas-vindas disse: "Adoro a UMEI e o trabalho de todos. Só não concordo com homens cuidando de crianças". Interpelei-a sobre o assunto justificando a importância da presença de homens nas instituições escolares, mas ela ainda se mostrava resistente.

No decorrer desses três anos de trabalho como educador, consegui perceber que a maior resistência e a mais difícil de combater, é a resistência dos pais, e nesse seguimento da comunidade escolar, a resistência maior se dá por parte das mães. Percebo, por meio de minha trajetória profissional, o quanto é importante para o desenvolvimento afetivo (e quiçá cognitivo) das crianças a presença efetiva e direta de profissionais do sexo masculino na educação dos pequenos, porém, é notável também perceber o quanto os adultos são resistentes à reformulação dos "papéis" de gênero na sociedade.

Proposta de oficina

1. Em sua opinião, a tarefa de educar crianças pequenas é função exclusiva de mulheres?
2. Você matricularia seu filho em uma Instituição de Educação Infantil, que entrega a responsabilidade de cuidar e educar crianças de zero a cinco anos a um professor (homem)?
3. Você nota a presença das relações sociais de gênero nas brincadeiras infantis?

4. Em situações contrárias às relações sociais de gênero – quando um menino quer brincar de boneca, ou uma menina de carrinho – você percebe o preconceito das demais crianças?

6

SIMBOLOGIAS DE GÊNERO NAS LENDAS TROPICAIS: O SAGRADO E O PROFANO

Adilson Dumont[15]

A formação de nosso povo é fortemente sedimentada na presença europeia desde a nossa colonização. Nosso imaginário e nossa visão de mundo sofrem a onipresente influência eurocêntrica. As lendas e os contos populares, advindos da tradição oral que identificamos como nossa cultura, estão impregnados de misticismo, superstições e "pré-conceitos" que são amálgamas do senso comum. Trazemos à lembrança duas lendas que mesclam preceitos dogmáticos, tabus religiosos e

---

[15] Licenciado em Filosofia pela Universidade Federal de Juiz de Fora; especialista em Antropologia Filosófica; professor de Filosofia do Instituto Superior de Educação Anísio Teixeira – Fundação Helena Antipoff; professor efetivo da Rede Estadual de Minas Gerais e Membro do GSS – Grupo de Estudos em Gênero, Sexualidade e Sexo em Educação.

comportamentos sexuais: *A Porca de Sete Leitões* e a *Mula Sem Cabeça.*

Na primeira, uma mulher que ousou seduzir um padre (ser sagrado, celibatário, quase assexuado) transforma-se em uma espécie de porco. Vaga pelas estradas grunhindo com sete filhotes. No imaginário popular é a personificação do próprio diabo. Lembremos que o suíno aparece amaldiçoado em vários textos sagrados.[16] Enredo mais significativo apresenta a lenda da *Mula Sem Cabeça* que por seus componentes próximos da realidade tropical parece um conto genuinamente brasileiro. Um popular livro da Idade Média, *Scala Celi*[17], e documentos do século XII já fazem referências a essa lenda, quando se pensava em "caça às bruxas" e restrições ao celibato dos clérigos. Em um contexto sociocultural cujas bases são: tradição oral, manipulação do saber e imposições de regras comportamentais, a transmissão de códigos de condutas se dá por vias psicológicas, pelo medo e pela culpabilidade, ou simplesmente pela coação.

Ao criar e divulgar essas lendas amedronta-se as incautas mocinhas para não sucumbirem aos encantos dos padres e muito menos tentar seduzi-los. É necessário lembrar que os religiosos afirmam-se em um contexto histórico em que não havia as psicologias, o direito ao acesso do saber às mulheres e o modismo da "autoajuda". Os clérigos mesclavam vários papéis: conselheiros, terapeutas, confidentes, confessores... a

---

[16] Tanto no evangelho de Mateus, Marcos e Lucas, quanto no Alcorão e no Torah.

[17] Para ilustrar essa temática, ler Eclesiastes 7,23-29 e assistir ao filme *O Nome da Rosa*, baseado na obra homônima de Umberto Eco.

presença e o acesso ao mundo feminino eram um fato incontestável.

Em terras tupiniquins, essas lendas ganharam força quando na época colonial as mulas eram os únicos meios de transporte ou o mais eficiente nos trabalhos missionários, sendo companhias constantes dos prelados. J. Simões Lopes Netto lembra que o castigo acompanha a "manceba" do padre durante o trato amoroso, ou terá punição depois de morta. Em *O Sertão e o Mundo,* Gustavo Barroso afirma detalhes desse imaginário:

> A mula corre sete freguesias em cada noite e o encanto desaparece com algumas atitudes, uma delas é semelhante ao lobisomem (ser sangrada por um canivete). Para evitar o bruxedo deverá o amázio amaldiçoar a companheira sete vezes antes de celebrar a missa. O encanto será anulado quando se tirar o freio de ferro (note que ela relincha, embora não tenha cabeça). Será encontrada prostrada, nua, chorando e muito arrependida. Não retomará a forma encantada enquanto o descobridor residir na mesma freguesia (BARROSO, *in* CASCUDO, 2001).

Defendendo seu doutorado, Johannes Gobi[18] narra o episódio em que a hóstia desaparece das mãos do celebrante porque a concubina assiste à missa, sendo que na noite da Quinta-feira Santa ela se transformará na sinistra mula sem cabeça.

A partir dessas lendas podemos citar vários ingredientes: tabus sexuais, perversão feminina, ruptura do celibato, zoofilia inconsciente (porco, mula, peixe), nuances de aliciamento

---

[18] Studies in the Scaka Celi, de Minnie Luella Carter (Dissertação para Doutorado em Filosofia de Chicago, 1928).

sexual. Por falar nisso, várias denúncias de abusos sexuais envolvendo religiosos abrem verdadeiras feridas na moral católica: a diocese de San Diego nos EUA pagará 198 (cento e noventa e oito) milhões de dólares a vítimas de abuso sexual cometido por padres – a maior indenização é da Arquidiocese de Los Angeles cerca de 660 (seiscentos e sessenta) milhões de dólares. Enfim, um moralismo quase catequético para a maciça presença de mulheres ocidentais eurocentricamente católicas.

Não é sem razão que Monteiro Lobato[19] deu voz a uma "mulher boneca" com toda a licenciosidade poética. *Emília* perverteu a "moral da história" mudando um pouquinho a "doutrinação" das mesmas (note que ela se enamora de um porco *Rabicó*). Mas ainda que *Shrek* tente, "hollywooddianamente", zombar desses clássicos, subvertendo-lhe as ideologias implícitas, são as versões clássicas europeizadas que povoam nossa psique quase que determinando as problematizações de gênero.

Referências Bibliográficas

BARROSO, Gustavo. "O Sertão e o Mundo". In CASCUDO, Luís da Câmara. *Dicionário do Folclore Brasileiro*. 10ª ed. São Paulo: Global, 2001.

CASCUDO, Luís da Câmara. *Dicionário do Folclore Brasileiro*. 10ª ed. São Paulo: Global, 2001.

CHAUÍ, Marilena. *Repressão Sexual, essa nossa (des) conhecida*. São Paulo: Brasiliense, 1984.

---

[19] LOBATO, Monteiro. *Reinações de Narizinho*. Ed. Brasiliense, 1965.

Eco, Umberto. *O Nome da Rosa*. Rio de Janeiro: Ed. Nova Fronteira, 1983.

Gobi, Joahnnes Junior. *Studie in the Scala Celi de Minnie Luella Carter.* Tese de doutorado em Filosofia. Universidade de Chicago, 1928.

Lobato, Monteiro. *Reinações de Narizinho.* São Paulo: Ed. Brasiliense, 1965.

Netto, J. Simões. "Trato Amoroso". Trad. Daniel Gouveia, Manuel Ambrósio. In Cascudo, Luís da Câmara. *Dicionário do Folclore Brasileiro.* 10ª ed. São Paulo: Global, 2001.

PROPOSTA DE OFICINA

1. Em grupos (de até cinco pessoas, mesclando garotos e garotas) fazer um apanhado de breves lembranças de programas e novelas de TV, nos quais são mostradas cenas e ideias sobre os "papéis" da mulher na comunidade. Comente.

2. No mesmo grupo: tentar resumir como esses programas televisivos apresentam a figura masculina, o "papel" do homem no lar, na Igreja, na escola, no trabalho etc. Faça um contraponto.

3. Separando os jovens por estilo/gosto musical (rock, funk, axé etc.) preparar uma dramatização de músicas, sempre observando as figuras femininas e masculinas, o sexo... Após cada apresentação, o professor-facilitador deverá fazer as intervenções necessárias, deixando que os jovens manifestem a mensagem captada nas canções.

4. Incentivar os jovens, agora reunidos, mesclando por critério religioso (se possível, um de cada igreja-denominação e ateus, sendo que o total do grupo não ultrapasse oito componentes), confeccionar cartazes, desenhos, frases... reproduzindo a visão de:
   a) Corpo
   b) Sexualidade
   c) Mulher

Professor-facilitador: Se possível, além de cartolinas, papel craft, pincéis etc., providenciar Novo Testamento, Antigo Testamento, trechos do Alcorão, Catecismo Católico, outros textos de livros sagrados.

5. Formar grupos (critério: sorteio de casais, sempre que possível) para que coloquem no papel, após diálogos, comentários pessoais, o que pensam sobre: sexo, gravidez, casamento e estética corporal. Após 30 minutos, apresentar para a plenária.

6. Concluindo a oficina, deixar que os jovens expressem (por música, dramatização, jogral, dança e/ou performances, o que foi captado sobre o texto da Mula sem Cabeça.

7

NA CAMA COM A TV

Fernanda de Araújo Rocha[20]

A TV é um dos principais meios de entretenimento da população brasileira. Praticamente todos os lares têm televisão. E são vários os programas, direcionados para vários públicos: novelas, telejornais, desenhos animados, filmes... Para os jovens, o que a TV oferece? As opções nos canais abertos são a *MTV* e as "novelinhas" adolescentes. Esses programas tentam representar o cotidiano dos jovens, expressando seus conflitos, seus problemas, suas dúvidas, seus desejos e anseios... São programas que discutem comportamento, relacionamento com os pais e amigos, namoro, sexo e sexualidade, criando uma identificação com seu público alvo.

Abaixo, apresento trechos de diálogos dos programas *Malhação*[21] e *Ponto Pê*[22]. As escolhas derivam do fato de *Malha-*

---

[20] Estudante de graduação em Pedagogia pela Faculdade de Educação da Universidade federal de Minas Gerais e integrante do GSS – Grupo Gênero, Sexualidade e Sexo em Educação.

[21] *Malhação* é exibida pela Rede Globo de segunda a sexta-feira, por volta das 17h30min.

[22] *Ponto Pê* é apresentado pela VJ Penélope Nova e vai ao ar pela MTV toda sexta-feira, às 23 horas, com reprises aos domingos, 1 hora, e terças, 0 hora. É recomendado para maiores de 16 anos.

ção ser a novela adolescente mais popular e que está há mais tempo no ar, e *Ponto Pê* por discutir um tema que muito interessa aos jovens: comportamento sexual.

Questão do *Múltipla Escolha*[23]

Félix, um dos sócios do colégio *Múltipla Escolha*, e Béatrice, diretora do colégio, estão em seu quarto conversando sobre o trabalho dela no colégio. Béatrice dizia o quanto gosta de seu trabalho, que apesar de ser árduo e cansativo, às vezes, é muito gratificante.

Félix: Béatrice, é justamente sobre isso que eu gostaria de falar com você.

Béatrice: Sobre o quê?

Félix: Sobre o seu trabalho. Eu acho que você trabalha demais, meu amor. Eu sinto falta de você aqui em casa.

Béatrice: Mas você fica menos em casa do que eu!

Félix: Justamente por isso. Se você ficasse mais aqui, ia poder cuidar mais da casa, da gente, cuidar de mim. Béatrice, quem sabe se você largar o colégio... eu posso lhe bancar. Você sabe disso.

Béatrice: Peraí Félix, você está me pedindo pra eu largar o meu trabalho?!

Félix: Estou.

---

[23] A cena apresentada no texto refere-se ao episódio da novela *Malhação*, exibido no dia 28 de dezembro de 2007.

Meu namorado me sufoca de ciúmes[24]

Penélope: O que você conta?
Maria Paula: Então... Meu namorado morre de ciúmes de mim, fica me enchendo o saco, não posso mais sair com as minhas amigas... Ele fica me sufocando.
Penélope: Há quanto tempo você namora?
Maria Paula: Dois anos.
Penélope: Nooosssa! Mas ele foi assim desde o início?
Maria Paula: É, desde o início.
(...)
Penélope: Você não trai ele?!
Maria Paula: Não.
Penélope: Você gosta dele?
Maria Paula: Gosto.
(...)
Penélope: Você dá motivos pra ele ter ciúmes, tipo, você tem uns amigos, melhores amigos, sem noção?
Maria Paula: Não. Até que não. Um ou outro, mas... Não.
Penélope: Você "tesora"?
Maria Paula: Não.
Penélope: Aí é mancada! Você provoca?
Maria Paula: Não, não provoco.
(...)
Penélope: Então por que os amigos sem noção... seus amigos sem noção são sem noção em que caso?

---

[24] Esse diálogo pode ser conferido na íntegra no *podcast* do *Ponto Pê*, pelo endereço: http://mtv.uol.com.br/blogosfera/podcast/play/8361

Maria Paula: Ah, meu, eles ficam lá na frente dele, ficam me abraçando, me beijando...
Penélope: Bem sem noção!
Maria Paula: Bem sem noção.
Penélope: Tipo, você também é dez vezes mais sem noção.
Maria Paula: É...
Penélope: Você fica na frente do seu namorado sendo beijada, abraçada e quiçá encoxada pelos seus melhores amigos? Ah, dá um tempo, né Maria Paula!
Maria Paula: Meu, mas não é por isso!

Proposta para oficina

Os diálogos acima explicitam situações difíceis entre casais. De um lado, um noivo que coloca sua noiva contra a parede: ou ele ou o trabalho. Do outro lado, um namorado ciumento que não aceita que sua namorada se relacione com seus amigos e amigas.

Baseado nas histórias, discuta com os colegas:

1. Você acha que Béatrice deve abandonar seu trabalho no colégio? Por quê?

2. Se fosse o contrário, se Béatrice pedisse a Félix para que ele ficasse em casa, enquanto ela trabalha para sustentá-los, você acha que ele deveria ficar em casa? Por quê?

3. E se você estivesse na mesma situação de Béatrice, o que faria? Continuaria trabalhando ou sairia do emprego?

4. Você acha que o namorado de Maria Paula tem motivos para ter ciúmes?

5. Você acha que Maria Paula deve mudar seu comportamento em relação aos amigos e amigas por causa do namoro? Você mudaria?

PALAVRAS FINAIS

Enquanto refletimos sobre as temáticas aqui abordadas, o mundo "globalizado" apresenta seus "sinais do tempo" do Terceiro Milênio:
- Pela primeira vez a Índia elege uma mulher para presidência: Pratibha Patil, com 2/3 dos votos!
- A Argentina, pela terceira vez, aposta em uma mulher na presidência: Cristina Kirschner (Evita Perón e Izabelita Perón na metade do século passado). O Chile já tem Michele Bachelet.
- O dia do *Orgulho Gay* tem colocado quase um milhão de pessoas nas praças paulistas.
- A Marcha das Margaridas, em Brasília, que tenta denunciar a exploração das mulheres no campo, teve como mote "2007 razões para marchar contra a fome, pobreza e violência sexista".

No mercado editorial, gritos femininos ecoaram mundialmente:

- A escritora britânica Doris Lessing ganha o prêmio Nobel de literatura (apenas onze mulheres foram contempladas desde a criação do prêmio, 1907). Nunca é demais lembrar que essa escritora sempre aborda as questões de etnia e gênero na África do Sul.
- Em *Desonrada,* a paquistanesa Mukhtar Mai denuncia as atrocidades contra as mulheres. Ed. Best Seller.

• *Infiel*, obra da Dra. Ayrean Hirsi, conta a saga de uma mulher que desafia o Islã.
O mesmo pode ser conferido em *Mulheres de Cabul*, de Harriet Logan.

• Benazir Bhutto, ex-premiê do Paquistão, sofre vários atentados (115 pessoas morrem). Sofre prisão domiciliar perseguida pelo ditador Musharraf por liderar um partido laico em terras 97% islâmicas, vindo a falecer em dezembro de 2007.

O mundo da ficção tentou lançar, televisivamente, a questão do celibato clerical:

• *O Seminarista*, de Bernardo Guimarães, há mais de um século questiona a imposição celibatária.

• *O Crime do Padre Amaro* coloca o dedo na ferida dos conflitos afetivo-sexuais dos padres (baseado no livro homônimo de Eça de Queiroz).

• *Padre*, filme de 1995, nos faz refletir sobre dogmas, pedofilia, homossexualidade, incesto e celibato católico. Direção de Antônia Bird.

Alguns países avançaram na questão da união homossexual:

• Reconhecem o casamento *gay* e admitem adoção de filhos: *Canadá, Espanha, África do Sul, Bélgica* e *Holanda*.

• Reconhecem a parceria civil com direito à adoção: *Suécia, Grã Bretanha, Islândia* e *Dinamarca*.

• Reconhecem a parceria civil sem direito à adoção: *Portugal, Cidade do México, França, Alemanha, Noruega, Finlândia (na Argentina – Buenos Aires)*.

Palavras finais

Note bem:

• Dom Odilo Scherer, secretário geral da CNBB[25], promovido à Cardeal, adverte que a Igreja condena a homossexualidade (por ser "contra a natureza" e "imoral"), mesmo que os heteros não queiram adotar filhos, pois ela não concorda com a adoção por casais homossexuais.

• Em São Paulo é registrada a *Igreja MEL*: Movimento Espiritual Livre (2002): cansados de serem discriminados nas várias igrejas e de ouvirem "sermões encomendados", homossexuais resolveram fundar a própria igreja.

• *No Irã não há gays* – Mahmond Ahma Dinejad, Presidente do Irã. No entanto, observemos como a lei iraniana trata essa questão:

– *Lesbianismo:* 100 chibatadas em cada um, morte na terceira reincidência.

– *Sodomia*[26] (Lavat): se os envolvidos forem maiores, morte; menores, 74 chibatadas.

– *Coxa com coxa; pênis com coxa:* 100 chibatadas em cada parceiro, se o ativo não for muçulmano, será condenado à morte na terceira reincidência.

– *Beijo com lascívia:* até 60 chibatadas.

E quanto à família?

Pesquisa do IBGE (2006) aponta para: 49% *tradicional*, 18,3% mulheres criam filhos sozinhas, 15,2 só tem um morador e 10,4 *outras*.

Mulher e violência:

Condenação de mulheres à prisão cresce 30% (só em São Paulo há 8.319 detentas). As causas? Vão de furtos, tráfico de drogas a crimes passionais.

---

[25] CNBB – Conferência Nacional dos Bispos do Brasil.
[26] Cópula anal.

Enfim, mas não por último, sugerimos como forma de fomentação da problemática de gênero:

BRASIL. *Brasil sem homofobia: programa de combate à violência e discriminação contra GLT e de promoção à cidadania homossexual.* Conselho Nacional de Combate à discriminação/Ministério da Saúde: 2004.

COSTA, Albertina de Oliveira; BARROSO, Carmen; SARTI, Cynthia. *Pesquisa sobre mulher no Brasil: do limbo ao gueto?* Cadernos de Pesquisa, São Paulo (54): 5-15, agosto, 1985.

FOUCALT, Michel. *História da sexualidade I: A vontade de saber.* Rio de Janeiro: Graal, 1977.

GRACINDO, R. V. *Educação como exercício de diversidade: estudos em campos de desigualdades socioeducacionais.* Vol. 1 e 2. Brasília, Anped. MEC/SECAD, 2007.

HENRIQUES, R.; BRANDT, M. E. A.; JUNQUEIRA, R. D. e CHAMUSCA, A. (orgs.). *Gênero e diversidade sexual na escola: reconhecer diferenças e superar preconceitos.* Caderno SECAD 4. Secretaria de Educação Continuada, Alfabetização e Diversidade. Ministério da educação.

LOPES, Eliane Marta Teixeira; LOURO, Guacira Lopes. *Educação e Realidade.* vol. 16, n. 2, jul/dez. Faculdade de Educação da UFRS. Rio Grande do Sul: 1990.

LOURO, Guacira Lopes. *Gênero, sexualidade e educação: uma perspectiva pós-estruturalista.* Petrópolis, RJ: Vozes, 1997.

MORENO, Montserrat. *Como se ensina a ser menina – o sexismo na escola.* Tradução de Ana Venite Fuzatto e coordenação de Ulisses Ferreira de Araújo. Campinas: UNICAMP; São Paulo: Moderna, 1999.

NILCHOLSON, Linda. *Interpretando o gênero.* Estudos feministas, ano 8, 2/2000.

RIBEIRO, Paula Regina; QUADRADO, Raquel Pereira e NUNES, Maria Teresa. *Corpos, gêneros e sexualidades: questões possíveis para o currículo escolar.* Cadernos pedagógicos anos finais. Fundação Universidade do Rio Grande (Furg) e Ministério da Educação (MEC), 2007.

ROSEMBERG, Fúlvia. *Educação formal, mulher e gênero no Brasil contemporâneo.* Revista Estudos Feministas, vol. 9, n. 2 Florianópolis: 2001.

SCOTT, Joan. *Gênero: uma categoria útil de análise histórica.* Educação e Realidade, Porto Alegre, 16 (2): 5-22, jul/dez, 1990.

SILVA, Lea Melo da. *A mulher e a cultura.* Belo Horizonte: UFMG/Núcleo de Estudos e Pesquisas sobre a Mulher, 1987.

STREY, Marlene Neves (org.). *Mulher, estudos de gênero.* São Leopoldo: Ed. UNISINOS, 1997.

VENTURA, Gustavo; RECAMAN, Marisol e OLIVEIRA, Suely de. (orgs.). *Mulher Brasileira no Espaço Público e Privado.* Editora Fundação Perseu Abramo, 2004.

GLOSSÁRIO

Bebel: prostituta de luxo interpretada pela atriz Camila Pitanga na novela *Páginas da Vida*, no ano de 2007, Emissora Globo.

Cachorra: menina fácil, mulher com vida sexual ativa.

Encoxada: se esfregar em uma pessoa vestida no meio de outras pessoas, como nos trens, ônibus e elevadores; roçar; esfregar.

Mancada: vacilo; erro; falha; falta; gafe.

Princesa: moça de família, menina bem comportada, virgem, mulher para casar.

Sem noção: sem limite.

Tesorar: cortar; proibir.

Fálico: Na linguagem da psicanálise, qualquer objeto e/ou símbolo que lembre o poder do pênis, do comportamento machista.

Falocracia: Mentalidade, comportamento que apresenta o homem, o macho, como superior à mulher, ao feminino.

Inquisição: Organização da Igreja Católica que perdurou durante 700 anos na Idade Média para controle e punição de pensamentos e comportamentos contrários à sua doutrina. Alguns historiadores distinguem a *Inquisição Medieval* (ou *Papal*) – França, Itália e outros países europeus (séc. XVIII) – da *Inquisição Moderna* – Portugal, Espanha (sécs. XV e XVIII).

Sodomia: Prática da penetração anal. O termo deriva do comportamento dos habitantes de Sodoma, antiga cidade asiática citada na Bíblia.

Beijo com lascívia: Beijo de língua.

Pedofilia: Contato sexual, preferencialmente, entre uma pessoa adulta e uma criança.

Celibato: condição de abstinência sexual por motivos religiosos.

Impressão e acabamento
GRÁFICA E EDITORA SANTUÁRIO
Em Sistema CTcP
Rua Pe. Claro Monteiro, 342
Fone 012 3104-2000 / Fax 012 3104-2036
12570-000 Aparecida-SP